KB096436

사랑이 주렁주렁

3년
인연을 쌓다

오렌지연필

사랑이 주렁주렁
3년
인연을 쌓다

초판 1쇄 인쇄 2019년 10월 10일 | 초판 1쇄 발행 2019년 10월 30일 | 펴낸이 박찬욱 | 펴낸곳 오렌지연필
주소 경기도 고양시 덕양구 화신로 340, 716-601 | 전화 070-8700-8767 | 팩스 031-814-8769
이메일 orangepencilbook@naver.com | 기획 미토스 | 본문 디자인 [연:우] | 표지 디자인 강희연

ISBN 979-11-89922-06-1 (13190)

이 도서의 국립중앙도서관 출판예정도서목록(CIP)은 서지정보유통지원시스템 홈페이지
(http://seoji.nl.go.kr)와 국가자료종합목록시스템(http://www.nl.go.kr/kolisnet)에서
이용하실 수 있습니다. (CIP제어번호 : CIP2019046839)

※ 잘못 만들어진 책은 구입처에서 교환 가능합니다.

Jan.

1

다시 시작이다.
나는 내가 원하는 모습으로 변할 것이다!

◦ 20　　년 ....

◦ 20　　년 ....

◦ 20　　년 ....

Jan.

2

실패할 거라고 생각하는 사람은 실패할 것이고,
성공할 거라고 생각하는 사람은 성공할 것이다.

○ 20   년 ───────────────────────────────────

○ 20   년 ───────────────────────────────────

○ 20   년 ───────────────────────────────────

Jan.

3

자신의 무지를 아는 자는 그것을 채우기 위해 노력한다.
고로 나 자신을 알라.

○ 20　년

○ 20　년

○ 20　년

Jan.

4

세상에서 가장 넓은 것은 바다가 아니라 사람의 마음이다.

◦ 20   년 ....

◦ 20   년 ....

◦ 20   년 ....

Jan.

5

때로는 우리가 도달해야 할 종점이 현재의 출발점이 될 수도 있다.
내일의 행복을 붙잡기 위해 오늘의 행복을 놓치지 말라.

○ 20   년

○ 20   년

○ 20   년

6

중요한 것은 지금 이 순간 내딛는 한 걸음이니
헛된 과거를 두고 방황하지 말라.

◦ 20   년 ....

◦ 20   년 ....

◦ 20   년 ....

Jan.
7

홀로 차분히 자기 안을 들여다보고 일상을 되돌아보며 마음을 정리하라.
그 시간의 마력은 고독을 또 하나의 진실한 행복으로 만든다.

○ 20   년

○ 20   년

○ 20   년

Jan.

8

행복한 인생을 살지 불행한 인생을 살지는
일과 사물을 대하는 당신의 마음가짐에 달려 있다.

◦ 20　　년 ....

◦ 20　　년 ....

◦ 20　　년 ....

Jan.

9

지나간 일들은 과거 속으로 사라진 것이 아니라
내 안에 고스란히 쌓여 있다.

○ 20   년

○ 20   년

○ 20   년

Jan.

10

이 세상에 끝은 없는지도 모르겠다.
다시 시작하면 끝은 언제든지 끝이 아니라 과정이 된다.

○ 20   년

○ 20   년

○ 20   년

Jan.

11

중요한 건 일정표에 적힌 우선순위가 아니라
당신 인생의 우선순위를 정하는 것이다.

○ 20   년

○ 20   년

○ 20   년

Jan.

12

내게 가장 좋았던 순간은 안일하고 한가하게 보낸 때가 아니라
뭔가를 제대로 해내고자 전력을 다한 때였다.

○ 20　　　년 ....

○ 20　　　년 ....

○ 20　　　년 ....

Jan.

13

진짜 강한 사람은 아픔이 없는 사람이 아니라
아픔을 잘 극복하는 사람이다.

○ 20　년 ....

○ 20　년 ....

○ 20　년 ....

14

진정으로 한 사람을 이해하려면
상대를 관찰하는 법을 배우기 전에 나부터 알아야 한다.

○ 20 년 ....

○ 20 년 ....

○ 20 년 ....

Jan.

15

애당초 자신이 왜 변하려고 했는지 다시 한 번 주의를 환기시키면
나약해진 현재의 자신과 맞설 힘을 얻을 수 있다.

○ 20　　년

○ 20　　년

○ 20　　년

16

오늘 하루, 좋은 사람들과 많은 대화를 나눴다면
많은 행복을 누린 것이다.

○ 20   년 ··

○ 20   년 ··

○ 20   년 ··

Jan.
17

청춘은 다른 사람이 정하는 것이 아니라 내가 정하는 것이다.
오늘도 나는 청춘이다. 나의 남은 날 중 오늘 가장 젊기에.

○ 20   년 ....

○ 20   년 ....

○ 20   년 ....

18

사랑만이 우리에게 진정한 희망일 때가 있다.

○ 20　　년 ....

○ 20　　년 ....

○ 20　　년 ....

Jan.

19

세상이 어떻게 변하든지, 세상에서 살아남기 위해 얼마나 비굴한 삶을 감당해야 하는지
상관없이 당신의 마음이 여전히 사랑을 노래할 수 있기를 간절히 바란다.

◦ 20   년

◦ 20   년

◦ 20   년

Jan.

20

자신의 완벽하지 않음을 인정하는 것은 스스로를 존중하는 일이며,
이로써 진정한 마음의 평화와 만족을 얻을 수 있다.

° 20   년

° 20   년

° 20   년

Jan.

21

속도를 늦추고 자신의 영혼과 보조를 맞춰 걷는 데서
진정한 행복이 피어난다.

○ 20   년

○ 20   년

○ 20   년

22

완벽할 수 없음을 받아들일 때 인생이 완벽해진다.

◦ 20　　년 ....

◦ 20　　년 ....

◦ 20　　년 ....

Jan.

23

때로는 포기하는 것도 지혜다.
포기할 줄 모르는 사람은 결국 아무것도 얻지 못한다.

◦ 20　　년

◦ 20　　년

◦ 20　　년

Jan.

24

평범하고 재미없는 인생을 살든 큰 성과가 있는 대단한 인생을 살든
어느 순간에는 걸음을 멈추고 자신을 돌아봐야 한다.

◦ 20　　년

◦ 20　　년

◦ 20　　년

Jan.

25

모든 사람이 나를 위해 바뀔 수는 없지만
내가 모든 사람을 위해 바뀔 수는 있다. 둘 중 하나만 바뀌면 세상은 달라진다.

○ 20   년

○ 20   년

○ 20   년

26

인생이라는 여정에서 목표를 세우고 방향을 정할 필요가 있다.
목표가 없는 사람은 발전할 수 없고 발전하지 않는 사람에게 성공은 없다.

◦ 20　년 ··

◦ 20　년 ··

◦ 20　년 ··

Jan.

27

성공은 성공한 내 모습을 그리는 데서부터 시작된다는 것,
그리고 사람의 잠재의식으로는 불가능한 일이 없다는 것을 기억하라.

○ 20　년

○ 20　년

○ 20　년

28

우리 삶에서 당연한 것은 아무것도 없다.
삶의 행복은 당연한 게 아니라 소중한 것이다.

◦ 20   년 ....

◦ 20   년 ....

◦ 20   년 ....

Jan.

29

위대한 행동이란 없다.
위대한 사랑으로 행한 작은 행동들이 있을 뿐이다.

○ 20   년

○ 20   년

○ 20   년

30

자신감이야말로 자신을 빛나게 하는 유일한 무기이다.

○ 20   년 ···

○ 20   년 ···

○ 20   년 ···

Jan.

31

다른 사람을 위한 배려가 곧 나 자신을 위한 것임을 기억하라.

○ 20   년 ....

○ 20   년 ....

○ 20   년 ....

Feb.

1

인생에서 가장 중요한 것은 돈도 권력도 아닌 우정이다.
어느 누가 우정을 잃고 인간답게 살 수 있을까?

○ 20   년 ··

○ 20   년 ··

○ 20   년 ··

Feb.

2

내면의 아름다움을 가꾸고 빛내는 것이
행복한 인생, 사랑받는 사람으로 나아가는 비결이다.

○ 20　　년 ....

○ 20　　년 ....

○ 20　　년 ....

Feb.

3

때론 실수하기도, 그래서 후회를 하기도 하지만 내 삶은 여전히 당당하다.
나만의 방식으로 내 길을 열심히 가고 있다면 어깨를 토닥여줄 필요가 있다.

○ 20   년

○ 20   년

○ 20   년

Feb.

4

옳은 선택을 하고도 노력하지 않는다면 결국 그것은 그릇된 선택이다.
비록 그릇된 선택을 했더라도 더욱 노력하여 성공을 이끌어냈다면
그것이 곧 옳은 선택이다.

○ 20   년

○ 20   년

○ 20   년

Feb.

5

강한 의지와 인내력을 지닌 사람은 아무리 큰 바람과 파도가 다가와도
좌절하지 않고 큰일을 이룰 수 있다.

○ 20   년

○ 20   년

○ 20   년

Feb.

6

타인의 이름을 정확히 기억하고 자주 불러주어라.
이것은 상대방에게 어떤 칭찬보다도 큰 효과를 줄 수 있다.

○ 20　　년

○ 20　　년

○ 20　　년

Feb.

7

이기적인 사람이 비난받는 이유는
그들이 자신의 이익만을 챙기기 때문만이 아니라
다른 사람의 이익을 무시하기 때문이다.

◦ 20　　년

◦ 20　　년

◦ 20　　년

Feb.

8

보물은 찾기 힘든 멀고 험한 곳에 숨겨져 있지 않다.
내가 마음만 먹으면 언제든 찾을 수 있는 가장 가까운 곳에 놓여 있다.

○ 20   년

○ 20   년

○ 20   년

Feb.

9

변화는 어렵다. 그러나 더 어려운 것은 변화를 위한 지속적인 실천이다.
변화를 바란다면 어렵더라도 그것을 지속하려는 노력을 멈추지 말아야 한다.

○ 20   년

○ 20   년

○ 20   년

Feb.

10

비록 모든 형편이 절망할 수밖에 없다 하더라도 절망하지 마라.
이미 일이 끝장난 듯싶어도 결국 또다시 새로운 힘이 생긴다.

○ 20   년 ....

○ 20   년 ....

○ 20   년 ....

Feb.

11

행운 총량의 법칙이라는 게 있다.
지금 닥친 불운만큼 앞으로는 행운이 찾아올 거라는 법칙.
나쁜 일이 생기면 좌절하지 말고 버티라는 고마운 법칙.

◦ 20   년

◦ 20   년

◦ 20   년

Feb.

12

세상에 믿을 사람 없다지만 그럼에도 내가 믿는 사람은
오늘 미룬 일을 해낼 내일의 나다!

○ 20   년

○ 20   년

○ 20   년

Feb.

13

운명이 겨울철 과일나무 같아 보일 때가 있다.
그 나뭇가지에 꽃이 필 것 같지 않아 보여도 그렇게 되기를 소망하고
또 그렇게 된다는 것을 알고 있지 않은가.

○ 20　　　년

○ 20　　　년

○ 20　　　년

Feb.

14

버리고 비우는 일은 결코 소극적인 삶이 아니라 지혜로운 삶의 선택이다.
버리고 비우지 않고는 새것이 들어올 수 없다.

○ 20   년 ....

○ 20   년 ....

○ 20   년 ....

Feb.

15

아무리 노력을 하고 주변 환경이 좋아도 때를 놓쳐버리면 말짱 헛수고가 된다.
기회는 화살과도 같아서 순식간에 나를 스쳐 지나간다.
그 찰나의 순간을 놓치지 말고 꽉 잡아야 한다.

○ 20   년

○ 20   년

○ 20   년

Feb.

16

일하는 것은 마치 우물을 파는 것과 같다.
비록 아홉 길을 팠다 해도 샘물이 나오는 데까지 미치지 못한다면
우물을 포기한 것과 다르지 않다.

○ 20　년

○ 20　년

○ 20　년

Feb.

17

너는 어느 쪽 인생을 선택하겠느냐고 스무 살의 나에게 물었다면
괴롭든 어떻든 뜨거운 인생을 선택하겠다고 대답했을 것이다.

◦ 20　　년

◦ 20　　년

◦ 20　　년

Feb.

18

당신의 운명은 당신 손안에 있다.
다른 사람 때문에 당신의 운명을 스스로 포기하지 말라.

○ 20   년

○ 20   년

○ 20   년

Feb.

19

운명을 개척하려면 알을 깨고 나와야 한다.
지금 과감히 힘차게 자신을 가둔 알을 깨고 나와
새로운 세계에 도전해보라.

○ 20   년

○ 20   년

○ 20   년

Feb.

20

인생에서 가장 중요한 것은 자기를 발견하는 일이다.
따라서 때때로 고독과 사색이 필요하다.

○ 20 　　년

○ 20 　　년

○ 20 　　년

Feb.

21

오늘도 희망이라는 길을 닦으며 살아가자.

○ 20   년 ··

○ 20   년 ··

○ 20   년 ··

Feb.

22

햇빛은 달콤하고, 비는 상쾌하고, 바람은 시원하며, 눈은 기분을 들뜨게 만든다.
세상에 나쁜 날씨란 없다. 서로 다른 종류의 좋은 날씨만 있을 뿐이다.

◦ 20　　년

◦ 20　　년

◦ 20　　년

Feb.

23

내 생애 최대의 자랑은 한 번도 실패하지 않았다는 것이 아니라
넘어질 때마다 다시 일어섰다는 것이다.

∘ 20   년 ....

∘ 20   년 ....

∘ 20   년 ....

Feb.

24

누구든 지금 자기에게 맞는 삶을 살아야 한다.
멀리 보기보단 주변의 가까운 풍경을 감상하고
기쁜 일도 힘든 일도 스스로 즐기면서 감당하자.

○ 20   년

○ 20   년

○ 20   년

Feb.

25

기왕에 멀리 떠나기로 결정했다면 그 길이 끝날 때까지 힘차게 달려보자.
그리고 말로 표현하지 못하는 것들을 행동으로 보여주자.

○ 20　　년

○ 20　　년

○ 20　　년

Feb.

26

여행할 때, 중요한 것은 무엇을 보느냐가 아니라 여행을 떠나는 마음가짐이다.
같은 풍경을 보더라도 마음가짐에 따라 느끼는 바가 다를 테니까.

○ 20   년 ....

○ 20   년 ....

○ 20   년 ....

Feb.

27

'새로운 나'가 되기로 굳은 결심을 했다면 너무 쉽게 포기하지 말자.
포기는 당신이 그동안 겪은 고통을 의미 없게 만들고
무엇보다 꿈을 저버리는 짓이다.

○ 20   년

○ 20   년

○ 20   년

Feb.

28

주저하지도, 후회하지도 말고 열정적으로 계속 나아가자.
그게 바로 당신의 가장 아름다운 모습이다.

○ 20   년

○ 20   년

○ 20   년

Feb.

29

나를 목적지까지 데리고 가는 것은
오직 마음속 깊은 곳에서 들려오는 소리뿐이다.
그러니 유일하게 의지하고 경청하며 신뢰해야 할 대상은 바로 마음이다.

◦ 20   년

◦ 20   년

◦ 20   년

Mar.

1

그 사람을 사랑하는 동안 예전보다 더 나은 내가 되었다면
그 사람을 사랑하는 일은 누가 뭐래도 옳다.

◦ 20   년 ....

◦ 20   년 ....

◦ 20   년 ....

Mar.

2

가장 어려운 일은 자기 자신에게 부끄럽지 않은 사람이 되는 것이다.
그러기 위해서는 지금 내게 주어진 것들을 소중히 여기고 지켜나가야 한다.

◦ 20   년

◦ 20   년

◦ 20   년

Mar.

3

끝을 보고 달리지 마라. 그건 신기루일 뿐이다.
지금 내가 달리고 있는 길에 집중하라. 이것만이 지금 내가 볼 수 있는 진실이다.

○ 20   년

○ 20   년

○ 20   년

Mar.

4

자신의 미미한 힘이 세상에 미칠 그 영향력을 믿어라.
시간이 아무리 오래 걸린다고 한들 세상은 변할 수 있다.

◦ 20   년

◦ 20   년

◦ 20   년

Mar.

5

할 수 있는 최선을 다했는데도 성공하지 못하고 어쩔 수 없이 포기해야 한다면
가장 좋은 이유는 '또 다른' 혹은 '더 좋은' 가능성을 찾기 위함이어야 한다.

○ 20   년 _____

○ 20   년 _____

○ 20   년 _____

Mar.

6

본질로 돌아가 생각하는 것은 선택의 순간에 중요한 기준이 된다.
이러한 기준이 바로 섰을 때 자기 결정에 확신을 가질 수 있다.

◦ 20   년

◦ 20   년

◦ 20   년

Mar.

7

다른 사람을 변화시키고 싶다면
우선 그의 마음속을 이해하는 것도 중요하지만
무엇보다 나 자신이 먼저 변해야 한다.

○ 20   년

○ 20   년

○ 20   년

Mar.

8

지금을 산다는 것은 당신의 모든 지혜와 열정을 다해
이 순간의 삶을 받아들이고, 그 속에 빠져들어 경험하며,
시간을 낭비하지 않는다는 의미다.

○ 20　년

○ 20　년

○ 20　년

Mar.

9

상상을 멈추지 않는다면 내 안에 잠자고 있던 힘이 깨어나
나를 조금씩 상상 속의 내 모습으로 만들어줄 것이다.

○ 20   년 ....

○ 20   년 ....

○ 20   년 ....

Mar.

10

삶이란 겸손을 배우는 긴 수업 시간이다.
삶에서 배운 이 겸손의 미덕은 말에서 가장 잘 드러난다.

◦ 20   년 ....

◦ 20   년 ....

◦ 20   년 ....

Mar.

11

유머에는 두려움과 공포를 이겨내는 힘이 있다.
유머는 규격에서 벗어나 삐뚤어짐으로써
사람을 감동시키고 상상력을 자극시켜 시련을 극복하게 한다.

○ 20   년 ——————————————————————————————

○ 20   년 ——————————————————————————————

○ 20   년 ——————————————————————————————

Mar.

12

긍정은 어떤 상황에서든 미소를 잃지 않게 하고
어떤 문제에서든 해결책을 도출해준다.

◦ 20　　년

◦ 20　　년

◦ 20　　년

Mar.

13

우리는 우리가 알고 있는 것보다 훨씬 아름답고,
더 똑똑하고, 더 강하고, 더 능력 있는 존재다.

○ 20   년

○ 20   년

○ 20   년

Mar.

14

새로운 풍경을 찾아 열정을 불러일으키기 위해 무작정 거리를 활보해보자.
꿈을 찾아 이리저리 헤매보는 것도 좋다.

◦ 20　　년 ....

◦ 20　　년 ....

◦ 20　　년 ....

Mar.

15

따뜻한 격려 한마디로 우리는 용기를 얻고 중요한 일을 결단하며
그로 말미암아 위대한 성취를 이룰 수 있다.

○ 20   년 ....

○ 20   년 ....

○ 20   년 ....

Mar.

16

자신을 가꾸면서 당당히 나아가라.

○ 20   년 ....

○ 20   년 ....

○ 20   년 ....

Mar.

17

걱정과 고민은 자신을 옭아매는 밧줄과 같다.
이런 불필요한 감정은 스스로를 허구의 늪으로 빠져들게 한다.

○ 20   년 ....

○ 20   년 ....

○ 20   년 ....

Mar.

18

자신의 불완전함을 담담히 직시하고 자신을 있는 그대로 받아들이며
자기 자신과 조화롭게 지내는 법을 배워야 한다.

○ 20   년 ....

○ 20   년 ....

○ 20   년 ....

Mar.

19

내 운명의 주인은 나 자신이다.
그러니 다른 사람의 기대 속에 살지 말라!

○ 20   년 ....

○ 20   년 ....

○ 20   년 ....

Mar.

20

사랑하는 사람, 소중한 관계를 지키려거든 초심을 잃지 말고
사소한 감사의 마음조차도 정확하게 표현하자.

○ 20　년

○ 20　년

○ 20　년

Mar.

21

오늘을 충실히 산다면 어떤 위기도 기회로 바꿀 수 있다.

○ 20   년

○ 20   년

○ 20   년

Mar.

22

최선을 다해왔다면, 그것만으로도 충분하다.

◦ 20   년

◦ 20   년

◦ 20   년

Mar.

23

무한한 가능성을 지닌 미래에 대한 생각이 미래 그 자체보다 더 중요하다.
소유보다 희망에, 현실보다 꿈에 더 많은 매력이 있는 것이다.

○ 20   년

○ 20   년

○ 20   년

Mar.

24

실천은 평계를 없애는 것에서부터 시작해야 한다!

○ 20　　년 ....

○ 20　　년 ....

○ 20　　년 ....

Mar.

25

마음으로 생각하거나 입으로 말하면 이루어진다고 했다.
말은 자신의 의지를 선포하는 의미가 있다.
그래서 무의식중에 하는 말일지라도 심장에 붙어 살아 숨 쉬게 된다.

○ 20   년

○ 20   년

○ 20   년

Mar.

26

살다 보면 결과보다 과정이 중요하다는 것을 깨닫는다.
스스로 최선을 다했다면 마음먹은 대로 되지 않았다 해도 아쉬울 것이 없다.

○ 20   년

○ 20   년

○ 20   년

Mar.

27

버텨낼 수 없을 것 같은 순간을 이겨내면
그다음에는 기적을 볼 수 있을 것이다.

○ 20   년 ....

○ 20   년 ....

○ 20   년 ....

Mar.

28

나 자신을 믿고 생각하고 행동하고 내 가치를 만드는 것,
이것이 오늘보다 내일의 나를 더 나은 쪽으로 이끌어간다.

○ 20   년

○ 20   년

○ 20   년

Mar.

29

최선의 결정을 잘하는 사람은 자기 결정에 따르는 고통을 기꺼이 감수한다.
한 사람이 가진 위대성의 척도는 고통을 감수하는 능력이다.

○ 20   년 ....

○ 20   년 ....

○ 20   년 ....

Mar.

30

자기 입과 귀를 단속할 줄 알아야만
자기 삶도 제대로 관리할 수 있다.

○ 20   년

○ 20   년

○ 20   년

Mar.
31

부정적 감정은 나름의 쓸모가 있다.
나쁜 일을 피해 갈 수 있도록 우리를 움직이기 때문이다.

◦ 20   년

◦ 20   년

◦ 20   년

1

눈앞의 길이 막혔을 때는 내가 할 수 있는 일을 먼저 생각하라.

◦ 20   년 ⋯⋯⋯

◦ 20   년 ⋯⋯⋯

◦ 20   년 ⋯⋯⋯

Apr.

2

아무리 멀게만 느껴지는 꿈이라도
한 발짝 한 발짝 다가가는 게 중요하다.

○ 20 　 년

○ 20 　 년

○ 20 　 년

Apr.

3

뭔가를 제대로 해내고자 전력을 다했을 때, 가장 어려운 일을 해냈을 때
비로소 가장 큰 한 발을 내딛게 된다.

○ 20   년 ··

○ 20   년 ··

○ 20   년 ··

Apr.

4

상대를 의식하지 않고 자기 페이스대로 자기만의 레이스를 펼칠 때
독보적인 존재가 될 수 있다.

○ 20   년

○ 20   년

○ 20   년

Apr.

5

완벽한 타인은 결코 존재하지 않는다.
그저 완벽해 보이는 사람이 있을 뿐이다.

○ 20 　 년 ....

○ 20 　 년 ....

○ 20 　 년 ....

Apr.

6

자신에게 즐거움을 주는 긍정적인 경험이 무엇인지 생각하고
그것에 적극적으로 뛰어들어라.

○ 20   년 ....

○ 20   년 ....

○ 20   년 ....

Apr.

7

삶이라는 긴 마라톤을 완주하기 위해 일을 한다.
누구도 일을 하기 위해 삶을 시작하지 않는다.

○ 20   년

○ 20   년

○ 20   년

Apr.

8

노력 없이 손에 들어온 작은 동전 하나가
나태하게 만들고 탐욕과 허영에 빠지게 한다.

○ 20 　년

○ 20 　년

○ 20 　년

Apr.

9

스스로 중심을 바르게 잡고 쓸데없는 비교의식을 버린다면
오롯이 나 자신에게 속한 행복이 늘 넘쳐난다.

○ 20   년

○ 20   년

○ 20   년

Apr.
10

무엇이 옳고 그른지 생각하지 말고 그저 모든 것을 살펴라.
이를 통해 세상의 이치를 파악하라.

○ 20   년 ....

○ 20   년 ....

○ 20   년 ....

11

이 세상에 존재하는 모든 일에는 저마다 특별한 의미가 있다.

◦ 20   년

◦ 20   년

◦ 20   년

Apr.

12

첫발을 내디딜 용기가 있느냐 없느냐에 따라 인생이 달라진다.

○ 20   년

○ 20   년

○ 20   년

Apr.

13

결국 이겨낼 수 있고 모든 일이 지나갈 것이라는 진리를
염두에 두고 살아야 한다.

○ 20   년

○ 20   년

○ 20   년

Apr.
14

최선을 다하면 오늘 하루를 잘 살아낼 수 있고
전력투구하면 아름다운 미래를 맞이할 수 있다.

○ 20   년

○ 20   년

○ 20   년

Apr.

15

진정한 마음의 평화와 안정을 얻고 싶다면 탐욕을 이길 줄 알아야 하고
명예롭게 살고 싶다면 눈앞의 허영을 포기할 줄 알아야 한다.

○ 20   년

○ 20   년

○ 20   년

Apr.

16

타인의 평가에 너무 기대 살지 마라.
정말 신경 써야 할 것은 타인의 기준이 아닌, 나답게 사는 것이다.

◦ 20   년

◦ 20   년

◦ 20   년

Apr.
17

계속 긍정적인 자기암시를 준다면 깊이 잠자고 있던 용기를 끌어내
엄청난 잠재력을 얻을 수 있다.

○ 20   년

○ 20   년

○ 20   년

Apr.
18

다른 사람에게까지 기꺼이 나눠주는 마음은
돈으로는 살 수 없는 삶의 소소한 기쁨이다.

○ 20　년

○ 20　년

○ 20　년

Apr.

19

끊임없이 당신을 괴롭히고 당신의 나태함을
강력하게 비난했던 사람을 소중히 여겨야 한다.

○ 20 년

○ 20 년

○ 20 년

Apr.

20

세상에서 자신을 가장 잘 알고 이해하며
언제 어디서나 편하게 부를 친구는 바로 나 자신이다.

○ 20   년 ....

○ 20   년 ....

○ 20   년 ....

Apr.

21

한 번뿐인 인생을 온갖 것을 움켜쥐느라 피곤하게 산다면 너무 억울하지 않겠는가.
불필요한 욕심과 목표를 포기하고 어깨를 짓누르는 짐을 내려놓자.

◦ 20   년

◦ 20   년

◦ 20   년

Apr.

22

한계라고 생각되는 것들을 몇 번이고 넘어설 때
그제야 인생을 멋지게 역전시킬 수 있다.

○ 20   년

○ 20   년

○ 20   년

Apr.

23

천재처럼 보이는 사람들도 사실은 모두 부지런히 연습을 한다.
기회와 행운은 끊임없이 노력하며 오랫동안 준비한 사람에게 찾아온다!

○ 20   년

○ 20   년

○ 20   년

Apr.

24

자신을 믿는 사람은 긍정적이고 열정적인 태도로 삶을 대하며
언제 어디서든 자신만의 빛을 발한다.

○ 20   년

○ 20   년

○ 20   년

Apr.
25

남이 자신을 믿어주길 바라기 전에 먼저 스스로를 믿어주자.

◦ 20   년

◦ 20   년

◦ 20   년

Apr.

26

마음의 불안함과 괴로움을 이기고 스스로 자신감을 회복할 때
우리는 진정한 행복과 무한한 활기를 얻을 수 있다.

◦ 20   년

◦ 20   년

◦ 20   년

Apr.

27

누군가가 위로를 건네지 않더라도 스스로 이렇게 말해보라.
"그럴 수도 있지!"

○ 20   년

○ 20   년

○ 20   년

Apr.

28

힘들어 포기하고 싶은 순간 한 발짝 더 움직여라.
실행을 지속하고 유지하는 습관을 몸에 배게 하라.

° 20   년

° 20   년

° 20   년

Apr.

29

누군가를 사랑할 용기, 상처 입은 이를 위로할 용기, 비판받아도 꿋꿋이 말할 용기!
다른 건 다 못 가져도 용기를 가졌다는 건 진정 모든 걸 갖춘 셈이다.

◦ 20   년

◦ 20   년

◦ 20   년

Apr.

30

정답은 찾는 게 아니라 만들어가는 것이다.
미래는 충실한 현재의 결과다. 미래를 예측하는 최고의 방법은
미래를 스스로 만드는 것이다.

○ 20   년

○ 20   년

○ 20   년

May.

1

서로 다르기 때문에
세상은 큰 균형 속에서 잘 굴러가고 있는 것이다.

○ 20   년

○ 20   년

○ 20   년

May.

2

나는 나의 주인이 되겠다. 그래서 위대한 사람이 될 것이다.
끈기 있게 하던 일을 계속하자. 그러면 많은 것을 얻을 것이다.

○ 20   년 ....

○ 20   년 ....

○ 20   년 ....

May.

3

노력과 성실을 잃지 않는다면 앞을 향해 나아가는 우리의 한 걸음 한 걸음에
희망의 에너지가 추진력이 되어 자아실현을 앞당겨줄 것이다.

○ 20　　년

○ 20　　년

○ 20　　년

May.

4

뱉고 싶은 말,
한 번쯤은 삼켜라.

○ 20   년 ··

○ 20   년 ··

○ 20   년 ··

5

우리 안에 잠자고 있는 아이의 천진함을 다시금 깨운다면
아마 훨씬 명확하고 솔직하게, 단순하고 순수하게 살 수 있을 것이다.

° 20   년

° 20   년

° 20   년

May.

6

행복을 느끼는 것도, 불행을 느끼는 것도 생각의 습관 차이다.

◦ 20   년

◦ 20   년

◦ 20   년

May.

7

사람의 마음은 곳간이다. 내가 한 말, 한 행동, 그로부터 얻은 것들이
내가 원하든 원치 않든 이 곳간 안에 빠짐없이 차곡차곡 쌓인다.

○ 20   년

○ 20   년

○ 20   년

May.

8

부모님은 등대 같은 존재다.
부모님의 직업이 무엇이건, 사회에서 얼마나 영향력이 있건 상관없다.
중요한 것은 얼마나 오래 우리와 함께 계시는가이다.

○ 20   년

○ 20   년

○ 20   년

May.

9

매사 타인의 평가에 신경을 곤두세우며 살아가다가는
타인의 목소리에 휘둘리게 되고 결국 나 자신을 잃어버릴 수 있다.

○ 20   년

○ 20   년

○ 20   년

May.

10

명심하라, 좌절과 마주했을 때 실망감에 젖어 있는 것은
우리 인생에 아무런 도움이 되지 않는다.

○ 20   년 ....

○ 20   년 ....

○ 20   년 ....

May.

11

상처를 견디는 가장 좋은 방법은 상대가 주는 상처를 받지 않는 것이다.
그러면 상처는 주려고 했던 사람한테 머물게 된다.

○ 20   년

○ 20   년

○ 20   년

May.

12

삶은 언제나 두 가지 선택으로 이루어진다.
둘 중 어느 것을 선택하느냐에 따라 인생의 모양이 달라진다.

◦ 20   년

◦ 20   년

◦ 20   년

May.

13

긍정적인 태도를 가진다면 마음이 바다처럼 넓어져
그 어떤 불행과 시련도 큰 파도를 불러일으키지 못할 것이다.

○ 20   년

○ 20   년

○ 20   년

May.

14

행복은 다른 사람의 시선 속이 아니라 바로 나의 마음속에 있다.
좀 더 나답게, 자유롭게 살라. 그러면 갈수록 편안하고 행복해질 것이다.

○ 20　　년

○ 20　　년

○ 20　　년

May.

15

인생의 가장 큰 행복은 편안한 마음으로
자신이 원하는 인생을 사는 것이다.

○ 20   년 ....

○ 20   년 ....

○ 20   년 ....

May.

16

항상 자신의 내면과 감정에 관심을 가져야 한다.
마음이 황폐해진 뒤 다시 일구는 일은 아주 어려울뿐더러 효과도 크지 않다.

○ 20   년

○ 20   년

○ 20   년

May.

17

푹신한 의자에서 시원한 아침 공기를 마시며
커피 한 잔 음미하는 여유를 가져라.

○ 20　　년

○ 20　　년

○ 20　　년

May.

18

남들의 멸시와 배척에 신경을 쓰느니
차라리 자신의 존엄과 아름다움을 지키는 게 낫다.

○ 20 년 ....

○ 20 년 ....

○ 20 년 ....

May.

19

주위에 아무것도 없는 듯해도 많은 게 나를 위로해주고 있다.
힘내라고, 힘내라고!

○ 20   년

○ 20   년

○ 20   년

May.

20

가장 고통스러운 일은 실패하는 것이 아니라
할 수 있는 일이었음을 뒤늦게 깨닫는 것이다.

○ 20 년

○ 20 년

○ 20 년

May.

21

나무를 심기 좋은 최적의 시기는 25년 전이다.
그다음의 적기는 바로 지금이다.

○ 20　　년 ....

○ 20　　년 ....

○ 20　　년 ....

May.

22

긍정적인 마음가짐은
인생을 즐겁게 만드는 비결이자 최선의 해결책이다.

○ 20   년

○ 20   년

○ 20   년

May.

23

사랑은 타인에게 줄 때 비로소 의미를 가지며
돈은 가난한 자에게 베풀 때 비로소 가치가 생긴다.

○ 20   년

○ 20   년

○ 20   년

May.

24

좌우명은 어두운 밤의 등불처럼
우리가 바른 방향으로 나아갈 수 있도록 길을 비춰준다.

○ 20   년

○ 20   년

○ 20   년

May.

25

성격, 가치관처럼 눈에 띄지 않는 섬세한 것들도 가꿔라.

○ 20   년 ....

○ 20   년 ....

○ 20   년 ....

May.

26

쉴 때 쉬어야 내가 원할 때 힘을 내어 달릴 수 있다.
휴식을 무시하고 계속 달리기만 하면 정말 필요한 순간에 힘이 나지 않는다.

○ 20　　년

○ 20　　년

○ 20　　년

May.
27

원망하는 마음을 내려놓고 성실하게 노력하면
기회는 자연스럽게 찾아올 것이다.

○ 20   년

○ 20   년

○ 20   년

May.

28

구름판을 밟고 뛴다고 해서 모두가 성공하는 것은 아니다.
하지만 적어도 새로운 세계로 통하는 관문은 만날 수 있다.

◦ 20   년

◦ 20   년

◦ 20   년

May.

29

눈물을 흘려보지 않은 사람은 미소가 주는 감동을 알 수 없다.
고통을 많이 겪어본 사람일수록 삶의 깊이와 행복이 더해진다.

○ 20   년

○ 20   년

○ 20   년

May.

30

현명하게 거절하고 합리적으로 받아들이는 것도
요즘 시대를 살아가는 사람들에게 필요한 일반 상식이다.

○ 20   년

○ 20   년

○ 20   년

May.

31

인생은 원래 불공평하다. 이 사실에 익숙해져라.

○ 20　　년

○ 20　　년

○ 20　　년

Jun.

1

욕망도 도리에 어긋남 없이 취하면
나뿐 아니라 타인들까지 이롭게 할 수 있다.

○ 20   년

○ 20   년

○ 20   년

Jun.

2

사랑도 관계도 일도 너무 앞서나가면 길을 잃기 십상이다.
주위를 찬찬히 살피고, 앞서가려는 마음도 달래가면서 걸어가라.

○ 20　년

○ 20　년

○ 20　년

Jun.

3

스스로 주인이 된다면
풍전등화 같은 한순간의 인생일지라도 후회 없이 살다 갈 수 있다.

○ 20   년

○ 20   년

○ 20   년

4

진정한 감사는 이미 내가 가진 것을 돌아보는 데서 시작한다.
그런데 그것이 참 어렵다.

○ 20　　년

○ 20　　년

○ 20　　년

Jun.

5

사람은 누구나 행복할 권리가 있다.
그런 점에서 사람은 누구나 평등하다고 할 수 있다.

○ 20   년

○ 20   년

○ 20   년

6

비교하기를 좋아하는 것은 인간의 본능이라 어쩔 수 없지만
이것도 잘 활용하면 삶의 지혜가 된다.

○ 20   년

○ 20   년

○ 20   년

Jun.

7

자신감을 갖고 자신만의 행복한 삶을 향해
용감히 발걸음을 내디뎌야 한다.

○ 20　　년 ....

○ 20　　년 ....

○ 20　　년 ....

Jun.

8

꿈이 바로 앞에 있는데, 왜 팔을 뻗지 않는가!

○ 20　년 ....

○ 20　년 ....

○ 20　년 ....

Jun.

9

태어날 때부터 모든 것을 가진 사람은 없고
모든 것을 가질 수 있는 사람도 없다.

○ 20   년

○ 20   년

○ 20   년

Jun.

10

앞길이 온통 가시밭길이라 해도 주저앉지 말고
자신의 목표를 향해 과감히 나아가라.

○ 20   년

○ 20   년

○ 20   년

Jun.

11

모든 가능성은 열려 있다.
그러니 절대 자신에게 '안 된다'라는 말을 하지 말라.

○ 20   년

○ 20   년

○ 20   년

12

조용히 자신의 숨결을 감응할 수 있는 사람만이
인생의 아름다움을 느낄 수 있다.

○ 20   년

○ 20   년

○ 20   년

Jun.

13

결핍은 인간을 성장시키는 중요한 거름이요,
신이 감춰놓은 선물이다.

○ 20   년

○ 20   년

○ 20   년

Jun.

14

깨어 있든 잠들어 있든,
마음에 사랑이 가득한 사람은 평생 행복할 것이다.

○ 20   년 ....

○ 20   년 ....

○ 20   년 ....

Jun.

15

자신이 목표하는 바를 의심한다면 그것은 믿음이 아니다.
믿음은 확고한 마음가짐이며 운명을 이끄는 끈이다.

○ 20   년

○ 20   년

○ 20   년

Jun.

16

인생의 길에서 믿음은 반드시 필요하다.
끊임없이 자신을 믿고 스스로 이루고자 하는 목표를 믿어야 한다.

○ 20   년

○ 20   년

○ 20   년

Jun.

17

무엇보다 소중한 것은 바로 현재의 나 자신이다.

○ 20　　년 ....

○ 20　　년 ....

○ 20　　년 ....

18

정직함은 진실을 사랑하는 마음에서 나온다.
정직함은 최고의 처세술이다. 정직만큼 풍요로운 재산은 없다.

○ 20　　년

○ 20　　년

○ 20　　년

19

행복은 언제나 현재에 있다.
현재의 행복을 하나씩 꿰어야만 일생의 행복이 만들어진다.

○ 20   년 ....

○ 20   년 ....

○ 20   년 ....

Jun.

20

세상을 향해 웃음을 지으며 세상과 하나가 되어보라.
그러면 세상은 유쾌하고 친절한 동반자가 되어줄 것이다.

○ 20   년

○ 20   년

○ 20   년

Jun.

21

인생이라는 여행길을 서둘러 갈 필요는 없다.
인생에 두 번의 기회는 오지 않기 때문이다.

○ 20　　년

○ 20　　년

○ 20　　년

Jun.

22

보이지 않는다고 존재하지 않는 것은 아니다.

○ 20　　년

○ 20　　년

○ 20　　년

Jun.

23

기회가 찾아오면 신속하고 정확하게 포착하라.
기회는 결코 기다려주지 않는다.

○ 20   년 _____

○ 20   년 _____

○ 20   년 _____

Jun.

24

적어도 내가 아는 사람이 어려움을 겪고 있을 때
작게나마 도움을 줄 수 있다면 행복한 인생이 될 것이다.

◦ 20   년

◦ 20   년

◦ 20   년

Jun.

25

모두가 내게서 돌아앉은 것이 아니라
내가 홀로 돌아앉은 것은 아닌지 생각해보라.

○ 20   년

○ 20   년

○ 20   년

Jun.
26

꿈을 꾸는 것도 습관이다.

○ 20   년 ······

○ 20   년 ······

○ 20   년 ······

Jun.

27

아름다운 삶이라고 말할 수 있으려면, 적어도 나답게 살고 있어야 한다.

○ 20   년 ....

○ 20   년 ....

○ 20   년 ....

Jun.

28

모두 마음먹기에 달렸다.

○ 20 　 년 ....

○ 20 　 년 ....

○ 20 　 년 ....

Jun.

29

자기감정을 스스로 관리할 수 있을 때
비로소 더 즐겁게 살 수 있다.

○ 20   년

○ 20   년

○ 20   년

Jun.

30

고통은 외적 요소가 아닌 자신에 대한 불만에서 비롯된다.
진정으로 자신을 사랑할 줄 알아야만 진짜 행복을 얻을 수 있다.

○ 20   년

○ 20   년

○ 20   년

1

한 가지 가치 있는 일을 추구하는 데 자신의 정력과 마음을
온전히 집중한다면 절대 실패하지 않을 것이다.

○ 20　　년 ....

○ 20　　년 ....

○ 20　　년 ....

Jul.

2

진정한 패배자는 주변인에 머무르며
남을 비웃기만 하는 바로 그들이다.

○ 20 년

○ 20 년

○ 20 년

Jul.

3

돈이 유일한 신앙이자 목표가 되는 순간
그것은 더 이상 우리에게 행복을 가져다주지 못한다.

○ 20   년 ....

○ 20   년 ....

○ 20   년 ....

4

때로는 마음의 소리에 귀를 기울여라.

○ 20   년

○ 20   년

○ 20   년

Jul.

5

사랑하면서 사랑을 모르는 것만큼 어리석은 일도 없다.

○ 20　　년 ....

○ 20　　년 ....

○ 20　　년 ....

Jul.

6

자기 스스로 모난 성격이거나 개성이 뚜렷하다고 판단된다면
성질대로 행동하기 전에 냉정하게 생각해보자.

○ 20   년

○ 20   년

○ 20   년

Jul.

7

남에게 보여주기 위한 노력이 아니라
나를 만족시키기 위한 노력을 하라.

○ 20   년

○ 20   년

○ 20   년

Jul.

8

자제력을 키워 자신의 의지대로
모든 일을 할 수 있는 사람이 되라.

○ 20   년 ....

○ 20   년 ....

○ 20   년 ....

Jul.

9

인간의 모든 행동은 정신에서 나온다.

○ 20　년 ....

○ 20　년 ....

○ 20　년 ....

Jul.

10

사람들의 의견에 자신의 생각을 묻어버리지 마라.
마음속의 신념을 지킨다면 그것으로 충분하다.

○ 20　년

○ 20　년

○ 20　년

Jul.

11

인생에서 뚜렷한 목표는
노력의 근거이자, 채찍이자, 격려가 되어준다.

○ 20   년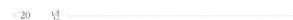

○ 20   년

○ 20   년

Jul.

12

휴식은 새로운 출발을 앞둔 사람들에게 반드시 필요한 영양제이다.

○ 20   년

○ 20   년

○ 20   년

13

가장 행복한 순간은 내가 노력해서 뭔가를 이뤄낼 때,
남들이 안 될 거라고 장담한 일들을 여봐란듯이 해낼 때다.

○ 20   년

○ 20   년

○ 20   년

Jul.

14

제대로 울고, 웃고, 화내고, 감동할 줄 아는 것이 필요하다.
그래야만이 마음의 균형을 바로잡을 수 있다.

○ 20 년

○ 20 년

○ 20 년

,

Jul.

15

단숨에 확 뒤집는 것도 중요하지만 멀리 가는 것도,
안전하게 도착하는 것도, 과정을 즐기는 것도 중요하다.

○ 20   년

○ 20   년

○ 20   년

Jul.

16

자신의 성장만큼 중요한 것은 없다.

○ 20 　년

○ 20 　년

○ 20 　년

Jul.

17

뒷걸음질로 하나둘 찍히는 발자국을 보면
비로소 내가 어디를 향하고 싶었는지 알 수 있다.

○ 20   년

○ 20   년

○ 20   년

18

남에게 강요하지 않고 자연스럽게 사는 법을 체득하라.
행복해지는 기회는 무궁무진하다.

○ 20   년 ···

○ 20   년 ···

○ 20   년 ···

Jul.

19

내 안의 문을 열고 나갈 방법이 막막해질 때면
이미 손안에 열쇠가 있다는 확신을 가지고
맞는 열쇠를 찾는 데 집중하라.

○ 20   년

○ 20   년

○ 20   년

Jul.

20

자유는 많이 가지는 것보다는
쉽게 내려놓을 줄 아는 데서 시작된다.

○ 20   년

○ 20   년

○ 20   년

Jul.

21

미련을 남기지 않기 위해서는 하루하루를 충실히 채워나가야 한다.
그리고 자신이 가진 모든 것을 소중히 여기는 현명한 사람이 되어야 한다.

○ 20　　년

○ 20　　년

○ 20　　년

Jul.

22

남들보다 더 좋은 것을 갖고 싶다면
남들보다 더 많이 고생하고 노력해야 한다.

○ 20　　년

○ 20　　년

○ 20　　년

Jul.

23

진짜 개성을 지닌 사람은
절대 타인의 의혹과 비웃음에 의기소침해지거나
자기 자신을 의심하지 않는다.

○ 20   년

○ 20   년

○ 20   년

Jul.

24

꿈을 가진 사람만이 끝까지 분투해서
자신의 삶을 빛나고 가치 있는 것으로 만들 수 있다.

○ 20   년

○ 20   년

○ 20   년

Jul.

25

나는 습관처럼 또 잘될 거라며 열심히 일상을 살아간다.
그것이 내가 유일하게 잘하는 것이기 때문이다.

○ 20   년

○ 20   년

○ 20   년

26

정신없이 하루하루 살아내다가도 '죽음'이라는 단어를 생각하라.
그렇게 다시 한 번 옷깃을 여미고 삶에 대한 자세를 돌아보라.

○ 20   년

○ 20   년

○ 20   년

Jul.

27

문을 두드리지 않으면 열기 어려운 것이
우리의 인생이며, 우리의 꿈이며, 우리의 미래이다.

○ 20　　년

○ 20　　년

○ 20　　년

28

자신이 좋아하는 일을 하라. 다른 사람의 말은 신경 쓰지 말라.
이렇게 산다면 인생은 훨씬 단순해지며 당신이 느끼는 행복도 더욱 커질 것이다.

○ 20 　년

○ 20 　년

○ 20 　년

Jul.

29

삶의 변화를 즐겨야 한다. 그 속에서 인생 의미를 찾고
당신의 내적 변화, 외적 변화를 거쳐 성장하는 기쁨을 맛보라.

◦ 20　　년

◦ 20　　년

◦ 20　　년

Jul.
30

오롯이 나의 삶과 아름다운 인생을 살고 싶다면 '가짜 나'를 용납해서는 안 된다.
'진짜 나'로 살아가는 일이 절실히 필요하다.

○ 20　　년

○ 20　　년

○ 20　　년

Jul.

31

자신의 옹졸함을 털어놓으면 더 큰 호감을 얻게 된다.

○ 20   년 ....

○ 20   년 ....

○ 20   년 ....

1

길을 헤매는 원인이 나 때문이든 타인 때문이든 상관없다.
길을 헤맨다고 해서 인생이 실패한 것은 아니다.

○ 20   년

○ 20   년

○ 20   년

Aug.

2

혼자만의 시간은
어떤 편견 없이 자신을 바라보고
인생을 되돌아보는 능력을 키우는 데 큰 역할을 한다.

○ 20　　년

○ 20　　년

○ 20　　년

Aug.

3

마음이 담긴 따뜻한 스킨십은
어설픈 위로보다 더 큰 위안과 안정감을 준다.

○ 20   년

○ 20   년

○ 20   년

Aug.

4

민망한 행동, 부끄러운 말 들은 홀홀 털어버리고
더 나은 내일을 향해 나아가는 게 현명한 전략이다.

○ 20 년

○ 20 년

○ 20 년

Aug.

5

행복해서 웃는 게 아니라 웃다 보면 행복해진다는 말처럼
스스로를 위로하다 보면 후회의 순간도 나름의 의미로 다가온다.

○ 20   년

○ 20   년

○ 20   년

Aug.

6

오늘도 감사한 하루가 선물로 주어졌다!

○ 20   년

○ 20   년

○ 20   년

Aug.

7

우리를 힘들게 하고 불면에 빠지게 하는 것은
'난 이것을 이겨낼 수 없을 거야' 하는 나약한 마음이다.

○ 20   년

○ 20   년

○ 20   년

Aug.

8

어떻게 실패를 마주할지, 어떻게 자신을 이겨 역경의 늪에서 벗어날지 알 때
우리는 한 단계 도약할 수 있다.

◦ 20　　년 ....

◦ 20　　년 ....

◦ 20　　년 ....

Aug.

9

시간을 허비하지 않으면 시간을 짜낼 수 있고
아무리 많은 계획도 실현할 수 있다.

○ 20   년 ....

○ 20   년 ....

○ 20   년 ....

Aug.
10

꿈은 나를 찾아가는 것이요 나를 완성하는 목표점이다.
지금도 당신만의 꿈의 목록이 명확하지 않다면
당장 꿈을 적기 위해 노력하는 시간을 갖자.

○ 20   년

○ 20   년

○ 20   년

Aug.

11

최선을 다했지만 결과는 언제나 기대와 다른 게 인생이다.
그 결과를 어떻게 수락하고 이해하느냐 하는 것이 인생의 승패를 좌우한다.

○ 20   년

○ 20   년

○ 20   년

Aug.

12

꿈을 현실화하는 유일한 방법은 주도적으로 행동하는 것이다.
우리의 꿈은 요원하지 않다. 행동만 한다면 말이다.

○ 20   년

○ 20   년

○ 20   년

Aug.

13

매일 행복하고 기쁘게 살기로 결심하는 것이야말로
가장 현명하게 인생을 살아가는 방법이다.

○ 20   년 ....

○ 20   년 ....

○ 20   년 ....

Aug.

14

자기비하에서 벗어나라.
그 순간 행복의 실마리를 잡을 수 있다.

○ 20　　년

○ 20　　년

○ 20　　년

Aug.

15

행복한 사람이 되고 싶다면
자신의 능력치를 넘어서는 인생 목표를 세우지 말고
적절한 지점에 만족하는 법을 배워야 한다.

○ 20　　년

○ 20　　년

○ 20　　년

Aug.

16

분노하는 시간보다 행복한 미소를 띠는 시간을 늘려가자.
마음속에 불필요하게 넘치는 부정적인 감정을 비우는 연습이 필요하다.

○ 20   년

○ 20   년

○ 20   년

Aug.

17

오늘도 주어진 하루를 열심히 살아내는 사람은
마땅히 주인공으로 존중받아야 한다.

○ 20   년 ....

○ 20   년 ....

○ 20   년 ....

Aug.
18

거친 세월에 꺾이지 않고 버텨낸 세월이 있기 때문에
지금의 내가 있는 것이다.

○ 20　　년

○ 20　　년

○ 20　　년

Aug.

19

모든 불행한 사건은
불행하다고 생각하는 상황에서만 일어난다.

○ 20 년

○ 20 년

○ 20 년

Aug.

20

꿈을 이루는 데 방향과 방법이 중요한 만큼 그 시작점도 중요하다.
삶의 가치를 정하고 꿈을 설정했다면 되도록 빨리 시작하라.

○ 20   년 ——

○ 20   년 ——

○ 20   년 ——

21

미치도록 꿈꾸고 미친 듯이 행하면 꿈은 현실이 될 것이다.
나로 말미암아 세상이 바뀔 것이다.

○ 20　　년

○ 20　　년

○ 20　　년

Aug.

22

당신 주변의 모든 사람을 존중하라.
그러면 당신은 그들의 존중을 받고 좋은 인간관계를 맺어
조금씩 더 나은 당신이 될 것이다.

○ 20　　년

○ 20　　년

○ 20　　년

Aug.

23

인생은 상대적인 느낌이다.
추운 날 따뜻한 방에 있으면 행복하고
더운 날 시원한 방에 있으면 행복하다.

○ 20   년

○ 20   년

○ 20   년

Aug.

24

핑계를 찾는 데 시간을 낭비하지 말고
방법을 찾아 행동에 옮겨라.

○ 20　　년 ....

○ 20　　년 ....

○ 20　　년 ....

Aug.

25

산다는 건 내가 내 인생을 운전하는 것이다.
미루지 말고 나 자신을 믿으며 스스로 결정하자.

○ 20   년

○ 20   년

○ 20   년

Aug.

26

'내가 성공할 수 있을까? 한 번도 해본 적이 없는데'라고
생각할 게 아니라 당장 자신이 만들어놓은 틀부터 깨야 한다.

○ 20　　년

○ 20　　년

○ 20　　년

Aug.

27

희망은 언제나 고통의 언덕 너머에서 기다린다.

○ 20   년

○ 20   년

○ 20   년

Aug.

28

좌절과 시련은 우리 인생에 내리는 비와 같다.
억수같이 쏟아지는 비도 언젠가는 그치게 마련이다.

○ 20   년 ....

○ 20   년 ....

○ 20   년 ....

Aug.
29

지금, 인생에서 소중히 여겨야 할 것들을 다시 한 번 돌아보자.

○ 20   년 ....

○ 20   년 ....

○ 20   년 ....

Aug.

30

견딜 수 없는 시련에서부터 가장 행복한 순간에 이르기까지
모든 경험은 의미가 있다.

○ 20　　년 ....

○ 20　　년 ....

○ 20　　년 ....

Aug.

31

운명을 기막히게 바꾸고 싶다면
내 삶을 부정적이고 희망 없게 바라보는 마음부터 바꿔야 한다.

◦ 20　　년

◦ 20　　년

◦ 20　　년

Sep.

1

인생에서 필요한 것은 이해뿐이다.
노력하는 그 자체가 노력하지 않는 것보다 더 낫다.

○ 20   년

○ 20   년

○ 20   년

Sep.

2

항상 태양을 향하도록 하라.
그러면 그림자를 볼 수 없을 것이다.

◦ 20   년 ....

◦ 20   년 ....

◦ 20   년 ....

Sep.

3

다시 시작하는 것은 스스로의 마음에 달려 있다.

○ 20　년 ....

○ 20　년 ....

○ 20　년 ....

Sep.

4

성장통을 겪는 사람에게는 이겨내려는 자기 의지와 더불어
그 통증을 헤아리고 격려하는 주변의 배려가 필요하다.

○ 20   년

○ 20   년

○ 20   년

Sep.

5

우연을 기회로 바꾸는 연습을 하고,
우연한 기회를 행운으로 바꾸는 인생을 살자.

○ 20　　년

○ 20　　년

○ 20　　년

Sep.

6

내가 할 수 있는 일을 함께 나누는 것, 꿈을 함께 꾸고
이루는 방법을 공유하는 것도 더불어 사는 삶의 한 걸음이다.

○ 20   년

○ 20   년

○ 20   년

Sep.

7

감정은 변하는 데 '이러면 안 돼' 하며 붙들고 있기도 괴로운 일이다.
차라리 변한 감정과 타협하는 것이 낫다.

○ 20 년

○ 20 년

○ 20 년

Sep.

8

꿈을 꿀 때, 핵심 중 하나는 내 가슴이 시키는 일을 하는 것이다.

◦ 20   년 ....

◦ 20   년 ....

◦ 20   년 ....

Sep.

9

어느 한 면이 부족하면 반드시 다른 한 면이 풍족해진다.
이것이 바로 인생의 균형이다.

○ 20   년 ....

○ 20   년 ....

○ 20   년 ....

Sep.

10

긍정의 마음을 끝까지 유지하면 어느새 습관이 되고,
습관은 곧 생활방식이 된다.

○ 20   년

○ 20   년

○ 20   년

Sep.

11

더 이상 꿈꾸는 작업을 내일로 미루지 말자.
하루하루를 소중하게 생각하자.

○ 20　년

○ 20　년

○ 20　년

Sep.

12

꿈꾸는 사람만이 꿈을 이룰 수 있다.
우리는 보고 듣는 만큼 꿈꿀 수 있다.

○ 20   년

○ 20   년

○ 20   년

Sep.

13

마라톤처럼 긴 인생의 여정에서
오래 달리기 위한 나만의 비상구를 만들자.

○ 20   년 ....

○ 20   년 ....

○ 20   년 ....

Sep.
14

의심하기 시작하면 모든 게 의심스러운 것이 되고,
이해하면 모든 게 그럴 만한 것이 된다.

○ 20   년

○ 20   년

○ 20   년

Sep.

15

자신을 이해하는 것은
오로지 외로워졌을 때 할 수 있는 일이다.

○ 20   년

○ 20   년

○ 20   년

Sep.

16

어떤 일이 있어도 내 편이 될 한 사람이 있다면
아직은 충분히 살 만하다.

◦ 20   년

◦ 20   년

◦ 20   년

Sep.

17

타인을 용서하는 일은 자신을 사랑하는 것과 같다.

20   년 ....

20   년 ....

20   년 ....

Sep.

18

우리가 할 수 있는 최선의 위로는 묵묵히 곁에 있어주는 것이다.
함께 있어주는 것이야말로 그 어떤 위로의 말보다 더 위로가 된다.

○ 20 　년

○ 20 　년

○ 20 　년

Sep.

19

건강한 인간관계를 위해 상호 존중을 바탕으로
서로의 자신감과 자존감을 살려야 한다.

◦ 20   년 ....

◦ 20   년 ....

◦ 20   년 ....

Sep.

20

행복은 결코 가진 것에 비례하지 않으며 마음속 끓는점으로 결정된다.

○ 20   년 ....

○ 20   년 ....

○ 20   년 ....

Sep.

21

현실에서 도피하기보다는 다른 각도로 자신을 바라봐야 한다.
시선을 바꾸면 마음의 안정과 평화를 얻을 수 있다.

○ 20   년

○ 20   년

○ 20   년

Sep.

22

외부에 관심을 기울이는 만큼
자신의 내부에도 관심을 갖고 자아를 보호해야 한다.

○ 20   년

○ 20   년

○ 20   년

Sep.

23

오늘이 내 인생의 마지막 날이라는 마음으로 매일을 살며
그렇게 인생의 즐거움을 유지하라.

○ 20　　년 ....

○ 20　　년 ....

○ 20　　년 ....

Sep.

24

실수나 잘못을 저질렀다는 것은
오히려 열심히 세상을 살아가고 있다는 증거다.

◦ 20　　년 ....

◦ 20　　년 ....

◦ 20　　년 ....

Sep.

25

상대방을 후하게 대접하면서
자신도 똑같은 대접을 받기를 바라지 말라.

○ 20　년

○ 20　년

○ 20　년

Sep.

26

노력하는 사람은 반드시 이길 기회를 얻는다.
그날을 위해 오늘도 한 걸음을 내딛자.

○ 20   년

○ 20   년

○ 20   년

Sep.

27

함께 감정을 공유하고 나눌 사람이 한 명만 있어도
그 인생은 충분히 행복하다고 말할 수 있다.

○ 20   년 ————————————————————————————————

○ 20   년 ————————————————————————————————

○ 20   년 ————————————————————————————————

Sep.

28

결단력이 성공의 시작점이다.
어떤 일을 만났을 때 더 이상 망설이지 말고 제때에 결단하라.

○ 20   년

○ 20   년

○ 20   년

Sep.
29

참든가, 떠나든가 둘 중 하나다.
이 세상의 모든 일과 모든 사람이 당신을 기쁘게 할지 힘들게 할지는
모두 당신의 가치관에 달려 있다.

○ 20   년 ─────────────────────────────────────

○ 20   년 ─────────────────────────────────────

○ 20   년 ─────────────────────────────────────

Sep.

30

인생이란 가슴 설레는 일로 가득 차 있는 놀이터다.

◦ 20　　년

◦ 20　　년

◦ 20　　년

Oct.

1

불안감을 너무 불편하게만 바라보지 말자.
불안감이 있어야 정상이다.

○ 20   년 ....

○ 20   년 ....

○ 20   년 ....

Oct.

2

실수가 나의 자존감을 떨어뜨릴 수는 없다.
실수에 집착하지 마라.

◦ 20   년

◦ 20   년

◦ 20   년

Oct.

3

상처를 피하는 것은 성장하기를 거부하는 것이다.

○ 20   년

○ 20   년

○ 20   년

Oct.

4

모든 경험은 재산이다.

○ 20　　년 ....

○ 20　　년 ....

○ 20　　년 ....

Oct.

5

여전히 내가 제자리인 것은
내 인생 절정의 꽃피는 시절이 아직 오지 않았다는 뜻이다.

○ 20   년

○ 20   년

○ 20   년

Oct.

6

아름다운 일은 기억하고 나쁜 일은 되도록 빨리 지워버리는 것,
우리가 할 수 있는 현명한 선택이자 삶의 지혜다.

◦ 20   년

◦ 20   년

◦ 20   년

Oct.

7

백 번의 생각보다 한 번의 행동이
좋은 결과를 이끌어낸다.

○ 20   년 ....

○ 20   년 ....

○ 20   년 ....

Oct.

8

최선을 다하되, 결과에 대해서는
겸허히 받아들일 필요가 있다.

○ 20　　년 ....

○ 20　　년 ....

○ 20　　년 ....

Oct.

9

불편을 초래하는 감정이라면 그것은 독이다.
그러니 용기를 내어 털어보자.

○ 20   년 ....

○ 20   년 ....

○ 20   년 ....

Oct.

10

인간의 행불행은 그 상황을 어떻게 받아들이느냐에 의해서 결정된다.

○ 20   년 ....

○ 20   년 ....

○ 20   년 ....

Oct.

11

내 안에서 긍정적인 비교는 발전의 동력이 된다.
그러나 타인과의 비교는 상처를 주는 칼이 된다.

○ 20   년

○ 20   년

○ 20   년

Oct.

12

다양한 경험을 많이 해본 사람이 승자가 된다.

○ 20   년 ....

○ 20   년 ....

○ 20   년 ....

Oct.

13

내 마음이 시키는 대로 표현하고 베풀다 보면
어느새 내가 먼저 행복해져 있을 것이다.

○ 20　　년

○ 20　　년

○ 20　　년

Oct.

14

자기반성은 행복으로 이끄는 에너지다.

○ 20   년

○ 20   년

○ 20   년

Oct.

15

오늘 나는 최선을 다했는가?

○ 20　년 ....

○ 20　년 ....

○ 20　년 ....

Oct.
16

어떤 순간에도 경건하고 진실한 마음을 잃지 않는다면
평안함을 유지할 수 있다.

○ 20　　년

○ 20　　년

○ 20　　년

Oct.

17

비관은 스스로 자라지만
긍정은 노력해서 키우는 것이다.

○ 20　　년

○ 20　　년

○ 20　　년

Oct.

18

내가 통제하는 이성만이 나의 전부가 아니다.
더 큰 부분인 감정을 무시하지 말라.
지금부터 감정에 솔직한 인생을 살아보자.

○ 20　　년

○ 20　　년

○ 20　　년

Oct.

19

자신이 완벽하지 않음을 인정하라.
그것은 스스로를 존중하고 직시하는 힘이 될 것이다.

○ 20   년

○ 20   년

○ 20   년

Oct.

20

타인이 바라보는 성실의 관점에서 벗어나 자신에게 성실한 사람이 되자.

○ 20 년

○ 20 년

○ 20 년

Oct.
21

'인생은 한 세상이고 풀은 한 계절이다'라는 말처럼 인생은 정말 짧다.

○ 20   년 ....

○ 20   년 ....

○ 20   년 ....

Oct.

22

단 한 사람이라도 마음에서 우러난 존경을 표현해준다면,
그것으로 충분히 존경받는 삶을 산 것이라 할 수 있다.

○ 20   년

○ 20   년

○ 20   년

Oct.

23

탐욕은 행복의 가장 큰 적이다.

○ 20   년 ···

○ 20   년 ···

○ 20   년 ···

Oct.

24

내가 인정받고 싶은 만큼 상대 또한 인정하자.

◦ 20　　년

◦ 20　　년

◦ 20　　년

Oct.

25

알 수 없는 기대감 속에서 하루하루를 살아가는 것보다
더 멋진 일이 있을까?

○ 20　　년

○ 20　　년

○ 20　　년

Oct.

26

습관이나 인생도 내 의지로 바꿀 수 있다.
오늘 내가 택한 방향이 미래의 내 모습이 될 것이다.

◦ 20   년

◦ 20   년

◦ 20   년

Oct.
27

눈앞에 벌어질 많은 일을 내가 정할 수 없지만,
그것을 대하는 태도는 내가 정할 수 있다.

○ 20   년

○ 20   년

○ 20   년

Oct.

28

지속적인 성장과 발전을 가능케 하는 유일한 것은
나의 노력뿐이다.

○ 20   년

○ 20   년

○ 20   년

Oct.

29

당신이 어떠한 사람인지에 따라
당신의 사랑도 결정된다.

○ 20   년 ....

○ 20   년 ....

○ 20   년 ....

Oct.

30

이미 지나간 일에 대해서는
아무리 마음 아플지라도 지나간 일로 해두자.

◦ 20   년 ....

◦ 20   년 ....

◦ 20   년 ....

Oct.

31

지금까지 캄캄한 곳을 지나왔다면 이제 맞이할 것은 단 하나다.
바로 찬란하게 빛을 발하는 출구다.

○ 20   년 ··

○ 20   년 ··

○ 20   년 ··

Nov.

1

인생살이에 지치지 않기 위해선
편안하게 숨 쉴 여지를 마련해야 한다.

○ 20   년

○ 20   년

○ 20   년

Nov.

2

우정은 진심을 다해 베푸는 것이지,
무조건 받기만 하는 것이 아니다.

○ 20　　년

○ 20　　년

○ 20　　년

Nov.

3

좌절 속에는 그것보다 더 큰 성공의 씨앗이 숨어 있다.

◦ 20   년

◦ 20   년

◦ 20   년

Nov.

4

내일은 세상이 또 어떻게 변할지 모른다.
그러니 우리가 가진 소중한 시간을 아름다운 것에 써야 한다.

◦ 20   년

◦ 20   년

◦ 20   년

Nov.

5

인생에 절대적 편안함은 없다.
인생은 항상 상대적인 균형 상태를 유지한다.

◦ 20　　년 ....

◦ 20　　년 ....

◦ 20　　년 ....

Nov.

6

고난은 어리숙한 나를 성숙시켜주는
가장 좋은 스승이다.

○ 20　　년 ....

○ 20　　년 ....

○ 20　　년 ....

Nov.

7

고난 속에서 취하는 긍정적 태도는
향후 성공의 밑거름이 된다.

○ 20   년

○ 20   년

○ 20   년

Nov.

8

가끔은 지는 여유를 보이자.
저도 괜찮다.

○ 20   년 ···

○ 20   년 ···

○ 20   년 ···

Nov.

9

끝을 보고 달리지 마라. 그건 신기루일 뿐이다.
지금 달리고 있는 길에 집중하라.
이것만이 지금 내가 볼 수 있는 유일한 진실이다.

◦ 20   년

◦ 20   년

◦ 20   년

Nov.

10

인생은 녹차와 같아서 우러나기를 기다렸다 집중해야
성공과 행복의 진한 풍미를 맛볼 수 있다.

○ 20   년

○ 20   년

○ 20   년

Nov.

11

작은 차이가 세상을 움직인다.
어디를 볼 것인가, 무엇을 기준에 둘 것인가 고민하라.
지금 당신이 갖는 프레임에 의해 인생이 달라진다.

○ 20　　년

○ 20　　년

○ 20　　년

Nov.

12

진실하기만 하면 그를 감동시킬 수 있고,
겸손하기만 하면 그에게 다가갈 수 있다.

○ 20   년 ....

○ 20   년 ....

○ 20   년 ....

Nov.

13

평범한 인생을 사느냐, 원하는 인생을 사느냐를 결정짓는 것은
바로 절박함 속에서 나온 행동이다.

◦ 20　　년

◦ 20　　년

◦ 20　　년

Nov.

14

친구란 우리 인생에 좋은 영향을 미치는 사람이다.

○ 20   년 _____

○ 20   년 _____

○ 20   년 _____

Nov.

15

모두 선택하려고 하면
그 무엇도 얻지 못할 것이다.

◦ 20　　년

◦ 20　　년

◦ 20　　년

Nov.

16

지금 내 인생도 찬란히 빛나고 있다!

○ 20   년 ....

○ 20   년 ....

○ 20   년 ....

Nov.

17

지금 누군가를 사랑하고 있다면 그 사람과의 만남에 감사하자.
진정한 사랑을 믿고 그것을 위해 최선을 다하라.

○ 20　　년

○ 20　　년

○ 20　　년

Nov.

18

우리의 인생은 기다림의 연속이다.
기다림이 있기에 인생의 가치는 더 커진다.

○ 20   년 ....

○ 20   년 ....

○ 20   년 ....

Nov.

19

삶이 성공의 대가로 요구하는 것은
시간과 노력과 인내다.

◦ 20   년

◦ 20   년

◦ 20   년

Nov.

20

매일 조금씩이라도 바꿔라.
그러면 반드시 바뀐다.

○ 20　　년

○ 20　　년

○ 20　　년

Nov.

21

인생은 누리는 게 아니라 경험하는 것이다.

○ 20　　년

○ 20　　년

○ 20　　년

Nov.

22

인생은 끊임없는 선택의 연속이다.

○ 20　　년

○ 20　　년

○ 20　　년

Nov.

23

누군가를 사랑하려면 자신뿐만 아니라
상대의 고통도 품어야 한다.

◦ 20   년 ....

◦ 20   년 ....

◦ 20   년 ....

Nov.

24

행복한 인생을 만들고 싶은가?
그렇다면 사랑하고 희망하는 법을 배워라.

○ 20 년 ⋯⋯⋯⋯⋯⋯⋯⋯⋯⋯⋯⋯⋯⋯⋯⋯⋯⋯⋯⋯⋯⋯⋯⋯⋯⋯⋯⋯⋯⋯⋯⋯⋯⋯

○ 20 년 ⋯⋯⋯⋯⋯⋯⋯⋯⋯⋯⋯⋯⋯⋯⋯⋯⋯⋯⋯⋯⋯⋯⋯⋯⋯⋯⋯⋯⋯⋯⋯⋯⋯⋯

○ 20 년 ⋯⋯⋯⋯⋯⋯⋯⋯⋯⋯⋯⋯⋯⋯⋯⋯⋯⋯⋯⋯⋯⋯⋯⋯⋯⋯⋯⋯⋯⋯⋯⋯⋯⋯

Nov.

25

혼자 잘하는 것은 절대 잘하는 것이 아니다.
혼자 행복한 것도 절대 행복한 것이 아니다.

○ 20   년

○ 20   년

○ 20   년

Nov.

26

이 세상에 걱정할 만한 일은 '나 자신의 일'밖에 없다.

○ 20   년 ....

○ 20   년 ....

○ 20   년 ....

Nov.

27

버킷리스트는 온전히 자신만을 위해 써라.
당신이 지금 써 내려가는 리스트가 꿈꾸는 인생을 살게 할 것이다.

○ 20   년

○ 20   년

○ 20   년

Nov.

28

악착같이 싸우고, 따지고, 배워라.
행복과 성공은 그 과정에서 얻게 되는 선물이다.

○ 20   년

○ 20   년

○ 20   년

Nov.

29

이 세상 어딘가에는 분명 당신 편이 있다.

○ 20   년 ....

○ 20   년 ....

○ 20   년 ....

Nov.

30

인생은 여행과 같고, 꿈은 여행 지도와 같다.
그러니 인생의 꿈을 놓지 마라.

○ 20   년

○ 20   년

○ 20   년

Dec.

1

스스로 하지 않으면 아무것도 얻을 수 없다.

○ 20   년

○ 20   년

○ 20   년

Dec.

2

좋았던 기억과 우정은 바위에 새겨라.

○ 20　　년

○ 20　　년

○ 20　　년

Dec.

3

자신을 믿어라. 그리고 아낌없이 노력하라.

○ 20 　년

○ 20 　년

○ 20 　년

Dec.

4

자신의 불완전함을 인정하는 연습을 하라.
이것이 바로 진짜 내면에서 우러나오는 자신감이다.

○ 20   년 ....

○ 20   년 ....

○ 20   년 ....

Dec.

5

마음에 따라 정하고, 능력에 따라 행하라.

○ 20   년

○ 20   년

○ 20   년

Dec.

6

최대한 자신이 원하는 모양대로 인생을 살아야 한다.
그래야 옳다.

○ 20   년

○ 20   년

○ 20   년

Dec.

7

내가 하는 일은 옳다.
내일도 나는 나답게 살 것이다.

○ 20   년

○ 20   년

○ 20   년

Dec.

8

지금 하는 일이 어떤 일인지 분명히 안다면
어떤 결과를 얻을지도 확실히 알 수 있다.

○ 20   년

○ 20   년

○ 20   년

Dec.

9

나는 창조한다. 고로 생존한다.

○ 20   년 ....

○ 20   년 ....

○ 20   년 ....

Dec.

10

'나는 안 돼'라는 밧줄로 자신의 손발을 묶지 말라.

∘ 20   년

∘ 20   년

∘ 20   년

Dec.

11

막연하게 현재의 상황을 불평하는 것은
인생살이에 아무런 도움이 안 된다.

○ 20   년

○ 20   년

○ 20   년

Dec.

12

하려는 의지만 있다면 무슨 일이든 성공할 수 있다.

○ 20   년

○ 20   년

○ 20   년

Dec.

13

진정 아껴야 하는 것은
늘 함께해온 진실한 내 안의 자아다.

○ 20   년

○ 20   년

○ 20   년

Dec.

14

자신을 비울 때 더 많은 것을 담을 수 있다.

○ 20   년

○ 20   년

○ 20   년

Dec.

15

인생은 유한하고, 지식은 끝이 없다.

○ 20   년

○ 20   년

○ 20   년

Dec.

16

사랑해야 할 것은 사랑하고
내려놓아야 할 것은 내려놓을 줄 아는 삶을 살아야 한다.

○ 20   년

○ 20   년

○ 20   년

Dec.

17

당신은 당신이 생각한 대로 될 것이다.

○ 20　　년 ....

○ 20　　년 ....

○ 20　　년 ....

Dec.

18

과감한 도전이 좀 더 나은 삶으로 이끌 것이다.

○ 20   년

○ 20   년

○ 20   년

Dec.

19

불필요한 물건을 많이 소유할수록
소중한 것들을 잃어버린다.

∘ 20   년

∘ 20   년

∘ 20   년

Dec.

20

어떤 마음가짐을 갖느냐가 어떤 일을 하느냐보다
더 큰 가치를 만들 수 있다.

○ 20　　년

○ 20　　년

○ 20　　년

Dec.

21

태도를 올바르게 하면
나의 마음과 정신도 따라오게 마련이다.

◦ 20   년

◦ 20   년

◦ 20   년

Dec.

22

최악의 상황은 가난이나 불행이 아니라
피곤에 절어 아무것도 느끼지 못하는 상태이다.

◦ 20   년 ···

◦ 20   년 ···

◦ 20   년 ···

Dec.

23

희망을 갖고 현재를 귀하게 여겨야
더 아름다운 미래를 만들 수 있다.

○ 20   년

○ 20   년

○ 20   년

Dec.

24

누구든 자신이 원하는 모습으로 변할 수 있다.

○ 20   년 ....

○ 20   년 ....

○ 20   년 ....

Dec.

25

분노의 독약으로 긍정의 감정을 죽이지 말라.

○ 20   년 ....

○ 20   년 ....

○ 20   년 ....

Dec.

26

행복은 인생을 판단하는 유일한 기준이자
모든 목표의 최종 도착지이다.

◦ 20   년 ....

◦ 20   년 ....

◦ 20   년 ....

Dec.

27

행복이란 결과가 아니라 과정이다.

○ 20   년

○ 20   년

○ 20   년

Dec.

28

환경을 바꿀 수 없다면 나 자신을 바꿔라.

○ 20　년

○ 20　년

○ 20　년

29

오늘을 어제의 걱정으로 낭비하지 마라.

○ 20   년 ....

○ 20   년 ....

○ 20   년 ....

Dec.

30

사랑은 황금열쇠다.
황금열쇠만 있으면 모든 마음의 문을 열 수 있다.

○ 20   년

○ 20   년

○ 20   년

Dec.

31

과거의 노예가 되지 말라.

◦ 20　　년 ....

◦ 20　　년 ....

◦ 20　　년 ....